Hubert Reeves nous explique 3 – Les Océans
© ÉITIONS DU LOMBARD (DARGAUD-LOMBARD S.A.) 2019, by Reeves, Vandermeulen, Casanave
www.lelombard.com
All rights reserved

Korean translation copyright © 2021 Flight of Ideas Publishing Co.

This Korean translation is published by arrangement with Mediatoon Licensing through Greenbook Literary Agency.

이 책의 한국어판 저작권과 판권은 그린북저작권에이전시영미권을 통한 저작권자와의 독점 계약으로 생각비행에 있습니다.
저작권법에 의해 한국 내에서 보호를 받는 저작물이므로 무단 전재와 무단 복제, 전송, 배포 등을 금합니다.

지구의 미래를 좌우하는
바다의 생태계

초판 1쇄 인쇄 | 2021년 5월 18일
초판 1쇄 발행 | 2021년 5월 31일

지은이 위베르 리브스·다비드 반데르묄렝
그림 다니엘 카자나브
옮긴이 문박엘리
책임편집 손성실
편집 조성우
디자인 권월화
펴낸곳 생각비행
등록일 2010년 3월 29일 | 등록번호 제2010-000092호
주소 서울시 마포구 월드컵북로 132, 402호
전화 02) 3141-0485
팩스 02) 3141-0486
이메일 ideas0419@hanmail.net
블로그 www.ideas0419.com

ⓒ 생각비행, 2021
ISBN 979-11-89576-80-6 77300

책값은 뒤표지에 적혀 있습니다.
잘못된 책은 구입하신 서점에서 바꾸어드립니다.

'*' 표식이 있는 용어는 책의 끝에 저자의 해설이 있음.

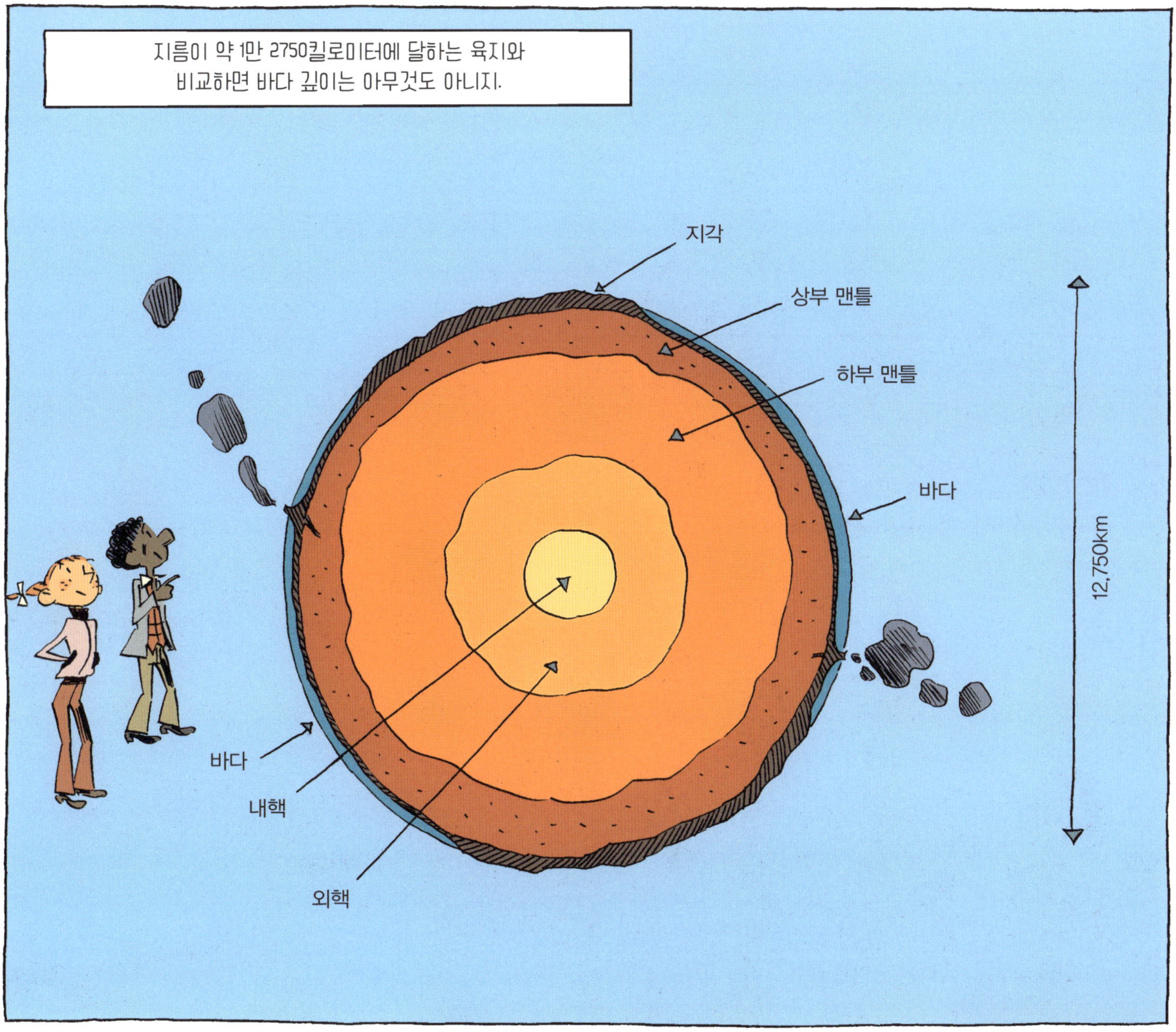

지름이 약 1만 2750킬로미터에 달하는 육지와 비교하면 바다 깊이는 아무것도 아니지.

지각
상부 맨틀
하부 맨틀
바다
12,750km
바다
내핵
외핵

물이 없는 생명이란 불가능하니까 우리의 지구는 그 토대가 여전히 빈약한 거지. 35억 년 전 지구상에 출현한 첫 생명체들은 바로 물에서 나왔어.

물과 최초의 기후 메커니즘은 9억 년 전에 발생한 것으로 추정하지.

그것의 가장 중요한 원천은 플랑크톤이야. 주로 해초로 이루어진 미생물들이란다.

플랑크톤은 햇빛이 풍부한 수면 근처에서 사는데, 죽은 뒤에는 물 밑으로 가라앉아 해저를 뒤덮지.

그 후 지각변동이 일어나 바닷속 지층이 물 밖으로 떠오르면 이런 멋진 해안 절벽들이 만들어지는 거야.

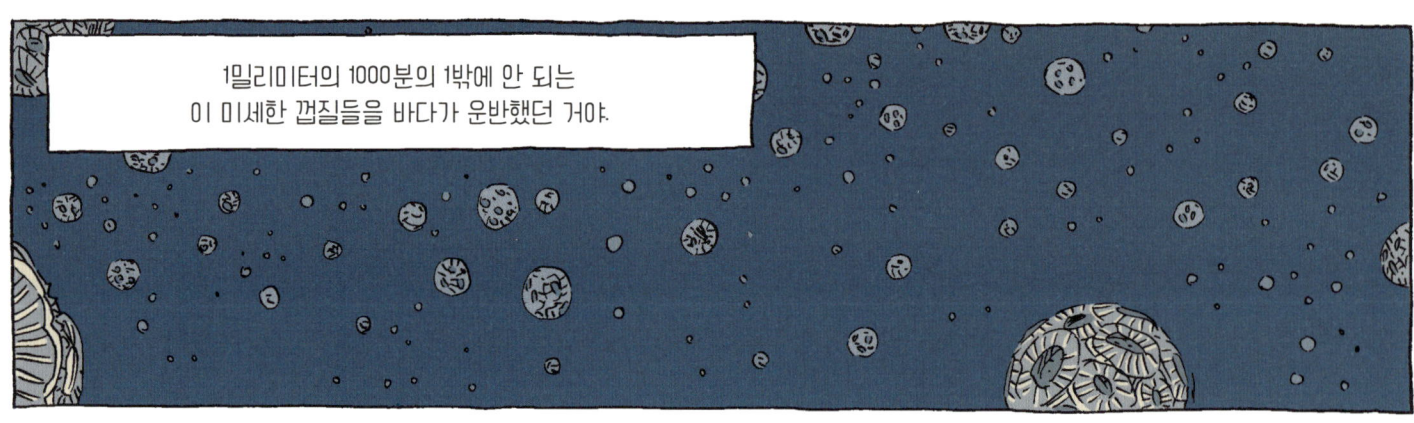

태양도 마찬가지로 이런 만유인력 현상에 참여하고 있어. 태양은 지구나 달보다 엄청나게 크지만, 지구의 조수 현상에 미치는 영향은 달보다 약하단다. 그 이유는 달보다 훨씬 멀리 있기 때문이야. 태양은 지구보다 109배 더 크고, 달보다 400배 더 크단다! 하지만 지구에서 너무 멀리 떨어져 있으니 태양의 인력은 달의 인력에 비하면 3분의 1밖에 되지 않아.

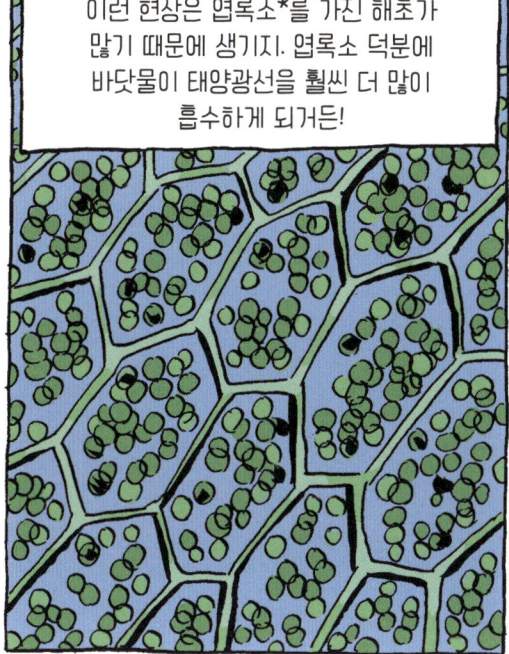

노르웨이의 화가 에드바르 뭉크32)가 그린 아주 유명한 그림이 있어. 제목이 〈절규〉인데, 뭉크가 1893년 오슬로에서 그린 거야. 이상야릇한 그림인데, 공포에 사로잡힌 인물이 보이고 그 뒤로 기이한 오렌지색 하늘이 펼쳐져 있지. 에드바르 뭉크는 무엇이 그 인물을 공포에 떨게 하는지 전혀 설명한 적이 없단다.

그런데 뭉크가 남긴 옛날 서류들에 대한 연구가 진행되면서 전문가들은 공포의 대상에 관한 가설을 발표했어. 그림 속 공포의 대상이 아마도 뭉크가 작품을 그리기 몇 년 전에 폭발한 크라카타우 화산과 관련되어 있을 거라는 내용이지.

하지만 노르웨이는 인도네시아에서 아주 멀리 떨어져 있잖아요!

그래, 1만 킬로미터 이상 떨어져 있지. 그 시기 여러 나라에서 이전과 아주 다른 일기 현상에 대해 집계했는데, 달의 색이 붉게 보일 때가 자주 있었다는구나.

노르웨이에서는 야광운이 많이 언급되었어. 화산재와 먼지로 형성된 아주 특이한 구름이지.

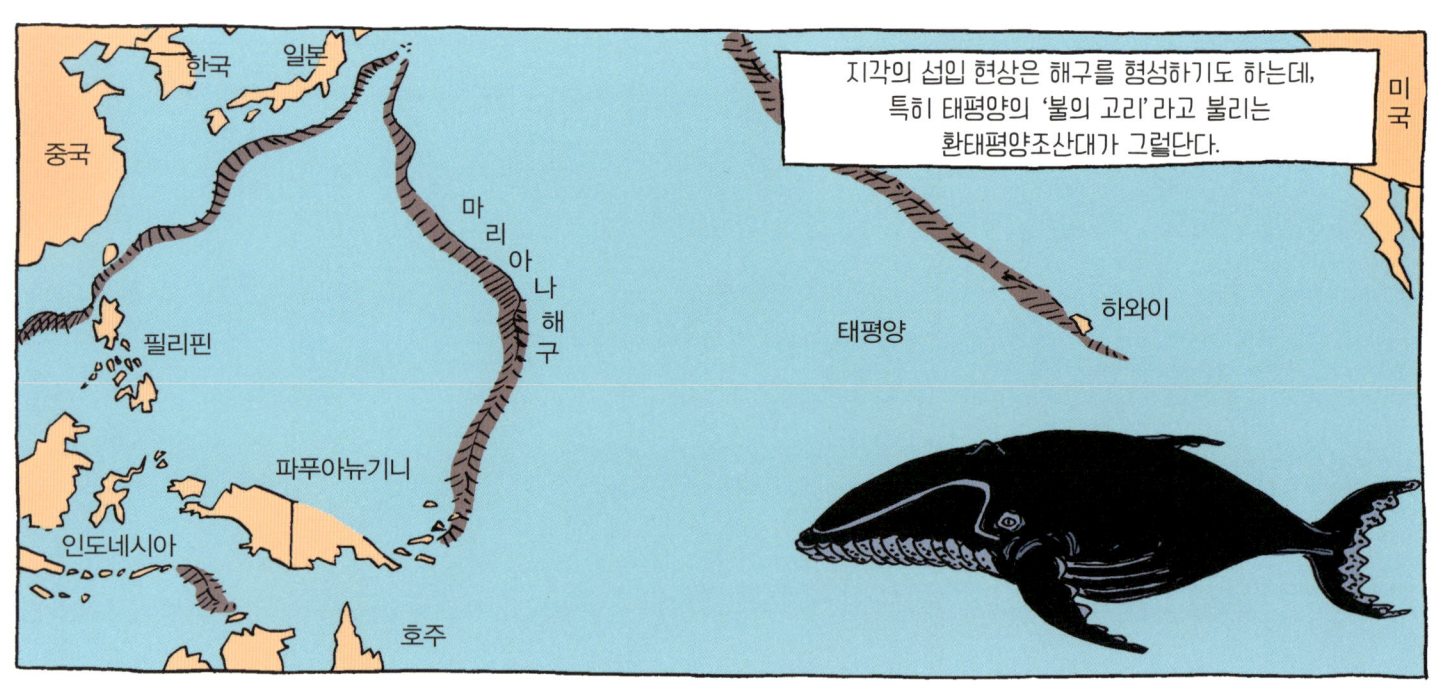

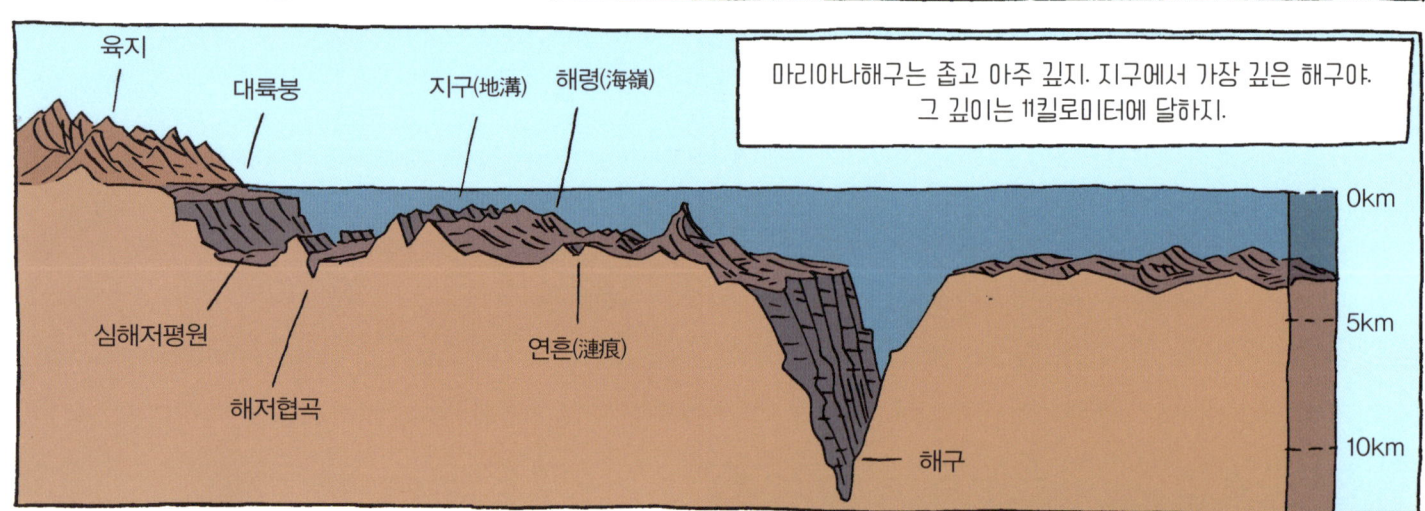

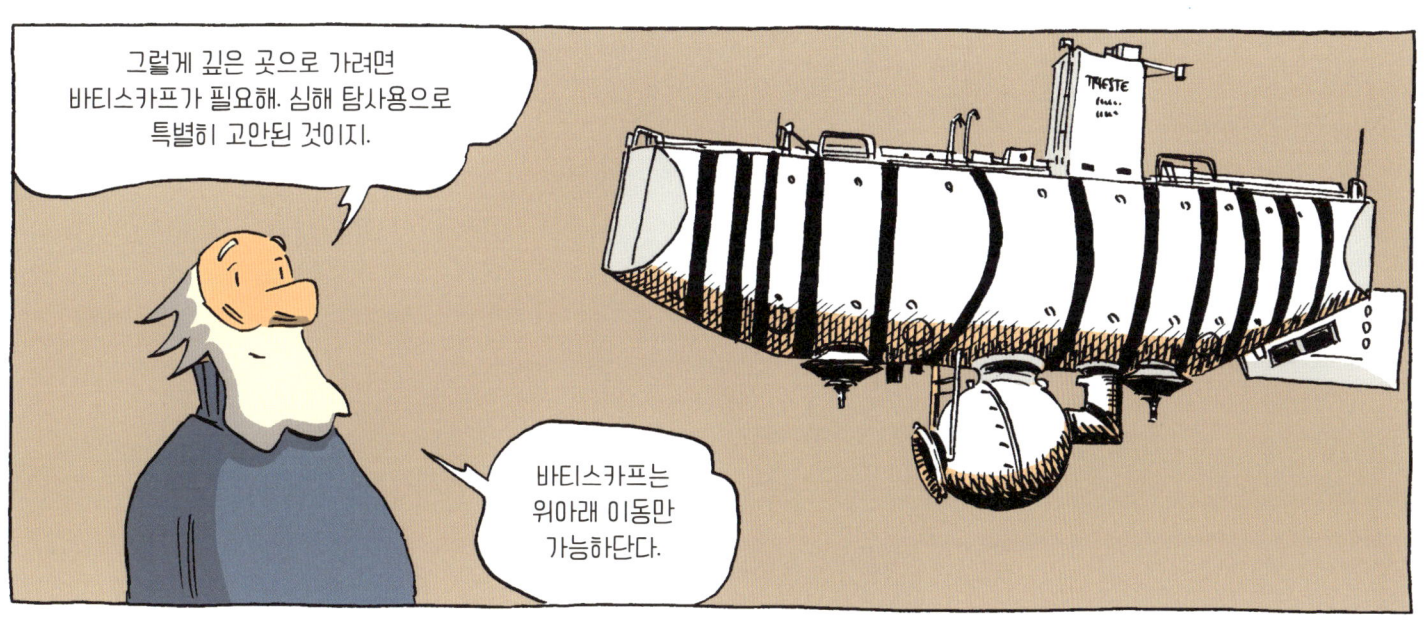

물이 엄청 따뜻해요!

그래. 이 근처 바닷물은 아주 따뜻해. 28도까지 올라가지!

물의 흐름이 느껴져요. 헤엄치고 있지 않은데도 몸이 움직여요.

그건 멕시코만류[36])가 가장 강한 곳에 있기 때문이야.

멕시코만류라고요?

지구에서 가장 중요한 해류들 가운데 하나지.

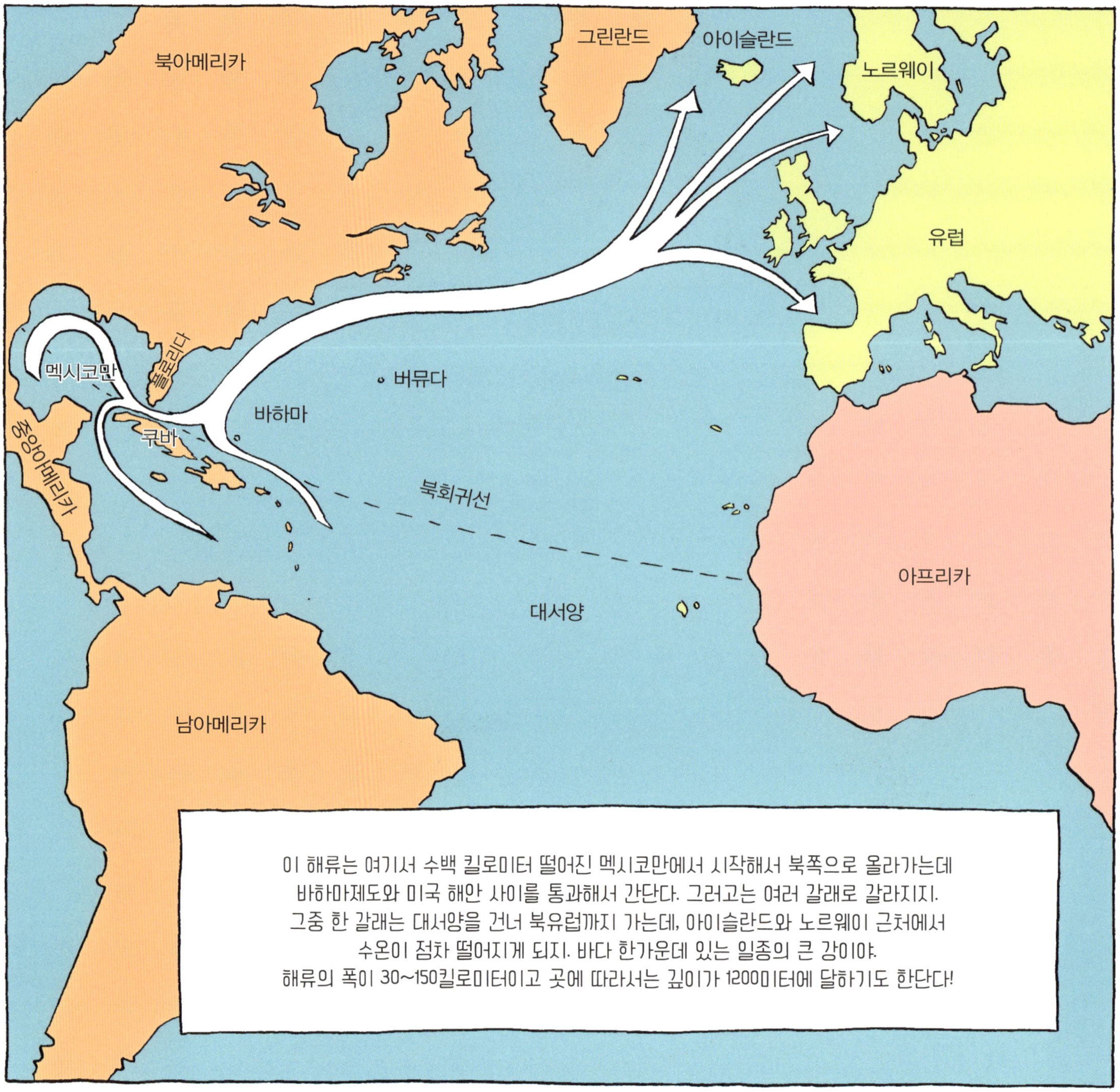

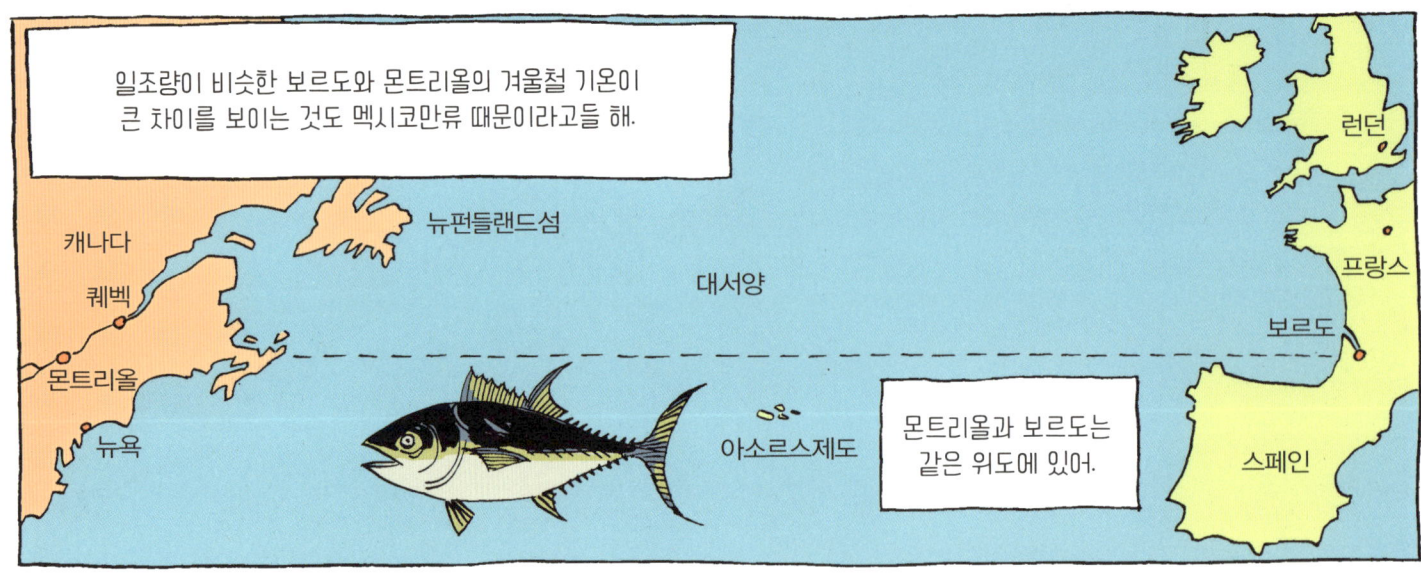

이제 또 다른 해류들에 대해서도 말해야겠구나. 왜냐하면 두 종류의 해류가 있거든. 해수의 표층에서 일어나는 해류가 있는데, 앞에서 우리가 살펴본 멕시코만류가 거기에 속해.

그런가 하면 깊고 깊은 바닷속에서 일어나는 해류도 있어. 그 해류는 차갑고 유량은 전 세계 큰 강들의 10배나 되지!

바다 깊은 곳의 해류는 아주 중요한 곳에서 형성되는데 바로 북서대양의 노르웨이해[42]란다.

스피츠베르겐제도[43]
노르웨이해
노르웨이
북해

이곳은 꽁꽁 얼어붙은 곳으로 멕시코만류의 물이 차가워지는 곳이야. 지구상 유일한 곳이기도 한데, 왜냐하면 햇볕이 화창한 동시에 무척 추운 지역이거든.

하지만 그 낮은 온도도 기화를 방해할 정도는 아니어서 노르웨이해의 물은 항상 아주 차갑고 염도도 높아.

그런 조건들이 맞아떨어진 결과, 물의 밀도가 증가해 깊은 바닷속으로 박혀 들어가 심층 해류 고유의 원천이 되는 거야.

이제는 돌아갈 시간이에요!

우린 플로리다 해안에서 출발해서 사르가소해를 가로질러 갈 겁니다. 일주일 뒤 프랑스에 도착할 거예요.

그나마 내가 낙관하는 건 해양 생태 보호를 위한 각성이 전 세계적으로 일어나고 있다는 사실이야.

그게 소용이 있기는 한가요, 가끔 듣는 소식이 전부인데요?

물론 소용이 있단다! 흔히 사람들은 우리가 지구를 보호하기에 너무 늦었다고 생각해. 하지만 변화의 가능성은 언제나 존재하거든! 최근에 정치적으로 결정된 내용을 보면 희망을 품을 만하지.

그런 좋은 이야기를 우리에게 들려주세요, 위베르 박사님…

음, 예를 들면, 1986년 채택된 고래잡이 금지 조치 덕분에 흑고래 14개체군 가운데 9개체군이 마침내 멸종위기종 리스트에서 빠져나왔지요!

정말 좋은 소식이죠. 30년 전만 해도 사람들은 흑고래를 수만 마리나 포획했어요. 흑고래가 완전히 멸종했다고 생각한 때도 있을 정도였으니까요.

또 다른 좋은 소식도 있어요. 유럽은 깊은 바다에서 물고기 잡는 것을 금지했어요. 이제 800미터 아래 심해에서 물고기를 잡으면 처벌받아요. 이건 깊은 바다에 사는 생명체들에게 좋은 소식일 뿐만 아니라 그물로 잡히던 다른 생명체들에게도 희소식이지요.

훌륭해요! 그런 희소식을 더 들려주세요, 위베르 박사님!

2016년에 역사적인 조약이 체결되었어요. 남빙양[49]의 로스해[50]를 인간의 모든 활동으로부터 보호하도록 한 조약이죠. 사람들은 이 지역이 지구 해양 생태계에서 거의 손상되지 않은 채 남아 있는 마지막 지점들 중 하나라고 보았어요. 그래서 이 바다를 영구적으로 보호하자고 결정한 거죠. 이 구역의 규모가 프랑스의 세 배나 되니, 별것 아닌 일로 여길 수는 없어요.

대단해요! 정말 좋아요!

낙관적 근거를 주신 데 대해 감사해요, 위베르 박사님.

바다를 보호하는 일이 중요한 이유를 알았어요!

그렇지, 너희는 교훈을 얻은 거야! 지구의 미래가 바다에 달려 있거든!

위베르 리브스가 들려주는
바다의 생태계

용어 사전

혜성(Comète): 혜성은 태양계에 속한 별이야. 기체와 먼지와 얼음으로 구성되어 있지. 혜성은 별자리들 사이에서 이동하고 다니며, 후미에 거대한 꼬리를 드리운단다.

팽창하다(Se dilater): 기온 상승으로 인해 바다는 팽창한단다. 지구온난화로 바닷물이 따뜻해지면 부피가 커져 해수면이 상승하는 거야.

중력(Gravitation): 만물은 서로를 끌어당기지. 그 원인은 중력이야.

엽록소(Chlorophylle): 엽록소는 식물에 있는 녹색 색소인데 햇빛을 끌어모아 에너지로 바꾼단다. 이 현상을 광합성이라고 하지.

해령(Dorsale): 바닷속에 뻗어 있는 산맥이란다. 대서양 중앙 해령은 대서양 깊은 곳에 펼쳐져 있지만 화산섬의 형태로 수면 위로 돌출된 경우도 있지.

마그마(Magma): 무기물이 액체 상태로 녹은 혼합물로 우리가 살고 있는 지구를 형성한 최초의 물질이야. 표면이 식으면서 암석으로 변형되었고, 그것이 지각의 여러 판을 이루고 있단다.

성층권(Stratosphère): 대기란 천체 주위를 둘러싼 기체층을 의미해. 지구 대기권은 아주 중요한 몇 개의 층으로 이루어져 있어. 성층권은 그 가운데 하나인데, 태양에서 오는 자외선의 97퍼센트 이상을 차단하는 오존이 주요 구성 성분이야. 자외선은 피부를 그을리게 하지만 너무 많이 쬐면 건강에 해롭단다.

밀도(Densité): 밀도는 질량과 부피의 비율로 규정되지. 액체 상태인 물의 최고 밀도는 섭씨 4도일 때야. 이보다 낮거나 높은 경우 밀도는 감소해. 물의 밀도는 염도와 함께 증가한단다.

각주

1) 노르망디(Normandie). 프랑스 서북부에 있는 지방. 동쪽으로 센강이 흐르고, 서부에는 코탕탱반도가 영불해협에 돌출해 있다. 제2차 세계대전 말기인 1944년에 연합군의 상륙 작전이 펼쳐진 곳으로 유명하다.
2) 영불해협(英佛海峽). 영국의 동남부와 유럽 대륙의 서북부 사이에 있는 해협. 영국과 유럽 대륙을 연결하는 최단 거리의 수로(水路)다.
3) 에트르타(Étretat). 프랑스 노르망디 지방에 속한 코뮌이다.
4) 코뮌(commune)은 프랑스 공화국의 최하위 행정 구역이다. 코뮌은 파리처럼 200만 명이 사는 도시일 수도 있고, 겨우 10명 정도가 사는 촌락일 수도 있다.
5) 알바트르 해안(Côte d'Albâtre). 프랑스 노르망디 지방의 센 마리팀 데파르트망(Seine-Maritime Département) 북쪽에 있는 해안. 수직으로 깎은 듯한 아름다운 해안 절벽이 이어져 있는 곳이다.
6) '지구'를 뜻하는 프랑스어 'la terre'는 '육지'와 '흙'이라는 뜻도 있다.
7) 서식스(Sussex). 영국 잉글랜드 동남부 지역으로 영불해협에 면해 있다.
8) 세븐 시스터스(Seven Sisters). 영국 서식스에 있는 백악 절벽. '칠자매'라는 이름은 일곱 봉우리에서 유래했다.
9) 육괴(陸塊)는 단층이나 습곡으로 구분되어 있는 바윗덩어리를 말한다. 대체로 고생대 이후 육지에 노출된 곳이다.
10) 프랑스 서북부 몽생미셸(Mont-Saint-Michel)만에 있는 작은 섬. 8세기 초 세워진 작은 예배당을 기원으로 하는 베네딕트 수도원이 있어 주요 순례지가 되었으며, 관광 명소이다.
11) 브르타뉴(Bretagne). 프랑스 서부 브르타뉴반도를 중심으로 하는 지방이다. 대부분 낮은 구릉지대로 농업과 목축업이 발달했으며, 특히 사과 생산으로 유명하다.
12) 달, 태양 따위의 인력에 의하여 하루에 두 번 해면이 주기적으로 높아졌다 낮아졌다 하는 현상.
13) 보부아르(Beauvoir). 현재 프랑스 노르망디 지방의 망슈 데파르트망에 속한 코뮌으로 몽생미셸섬과 인접해 있다.
14) 음력 보름과 그믐 무렵에 밀물이 가장 높은 때.
15) 조수(潮水)가 가장 낮은 때를 이르는 말. 대개 매월 음력 7, 8일과 22, 23일에 있다.
16) 마르키즈 제도(Marquises諸島). 남태평양의 프랑스령(領) 폴리네시아에 있는 섬의 무리. 오래된 화산섬으로 바위와 돌이 산지를 이룬다.
17) 참돌고래과 큰돌고래속에 속하는 돌고래로 가장 흔하고 널리 알려져 있다. 전 세계의 열대·아열대·온대 해양에 걸쳐 분포한다.
18) 생말로(Saint-Malo). 프랑스 북서부 브르타뉴 지방의 성벽에 둘러싸인 항구 도시로 영불해협과 접한다.
19) 아조레스제도(Azores諸島). 포르투갈 서쪽 북대서양에 있는 화산 제도로 아홉 개의 섬으로 이루어져 있다. 아열대성 기후로 담배·파인애플·차·바나나 따위가 난다.
20) 쥘 베른(Jules Verne, 1828~1905). 프랑스의 소설가. 근대 공상 과학 소설의 선구자이며, 작품으로 《해저 2만 리》, 《80일간의 세계 일주》 등을 남겼다.
21) 쥘 베른의 《해저 2만 리》에서 '2만 리'는 한국의 전통 단위인 '리'와는 무관하고 야드파운드법의 2만 리그(league)를 가리킨다. 해저 2만 리는 바닷속 깊이를 뜻하는 것이 아니라 주인공이 잠수함을 타고 여행한 8만 킬로미터를 의미한다.
22) 산괴(massif montagneux). 단층으로 인하여 산줄기에서 따로 떨어져 나온 산의 덩어리를 말한다.
23) 동물상(動物相)은 특정 지역이나 수역(水域)에 살고 있는 동물의 모든 종류를 이르는 말이다.
24) 불의 고리(la ceinture de feu)는 환태평양조산대(環太平洋造山帶)의 별칭이다. 태평양을 둘러싼 고리 모양처럼 생긴 세계 최대의 조산대로 현재도 지진과 화산 활동이 자주 일어난다.
25) 에트나산(Etna山). 이탈리아 시칠리아섬 동부에 있는 활화산이며 해발 3350미터로 유럽에서 가장 높은 화산이다. 지속적인 화산 활동을 하고 있으며 2013년 6월 유네스코 세계자연유산으로 지정되었다.
26) 불카노섬(Vulcano섬). 이탈리아 남부 리파리제도의 가장 남쪽에 있는 활화산 섬으로 유사 이래 폭발성 분화를 계속하고 있으며, 특히 1888년에서 1890년 사이에 대분화가 있었다.
27) 스트롬볼리섬(Stromboli섬). 이탈리아 시칠리아섬 북쪽에 있는 화산섬이다. 용암이 분출될 때 마구 튀고 천둥 같은 큰 소리가 나는 스트롬볼리식 분화로 유명하다.
28) 판구조론(板構造論)은 지구의 겉 부분이 여러 개의 판으로 이루어져 있고, 이들의 상대적 움직임에 의하여 여러 지질 현상이 일어난다고 보는 학설이다.
29) 지구의 표층을 이루는 판이 서로 충돌하여 한쪽이 다른 쪽의 밑으로 들어가는 현상. 밑으로 들어가는 판의 위쪽 면을 따라 지진 활동이 활발하게 일어난다.

30) 자바섬(Java섬). 인도네시아 서부, 대순다 열도의 동남부에 있다. 화산대(火山帶)가 중앙부에 뻗은 동서로 길쭉한 섬으로, 자바해와 인도양의 경계를 이룬다.
31) 크라카타우산(Krakatau山). 인도네시아 수마트라섬과 자바섬 사이의 순다 해협에 있는 섬의 화산이다. 1883년의 화산 폭발로 섬의 대부분이 사라졌다.
32) 에드바르 뭉크(Edvard Munch, 1863~1944). 노르웨이의 화가이자 판화가로 사랑·죽음·불안 등의 주제를 강렬한 색채를 써서 환상적으로 표현하여 표현주의 작풍(作風)을 확립했다.
33) 오귀스트 피카르(Auguste Piccard, 1884~1962). 스위스 태생의 벨기에 물리학자. 최초로 성층권 안의 기상과 우주선(宇宙線)을 관측했고, 심해 잠수정인 바티스카프를 고안했다.
34) 《땡땡의 모험(Les Aventures de Tintin)》은 벨기에의 만화 작가 에르제(Hergé)가 연재한 작품이다. 탐방 기자 땡땡(Tintin)과 그의 개 밀루(Milou)가 전 세계를 모험하는 내용을 그린 만화다. 1930년 첫 권이 나온 이후 총 24권이 출판되었다. 50개 언어로 60개국에서 판매되어 만화계의 고전으로 자리 잡았다.
35) 플로리다반도(Florida半島). 미국 동남쪽 끝에 자리하고 있다. 대서양과 멕시코만 사이에 있는 저지(低地)로 호수, 늪, 습지 따위가 많다. 여름에 시원하고 겨울에 따뜻한 아열대성 기후와 편리한 교통으로 마이애미 따위의 세계적인 관광지가 발달했다.
36) 멕시코만류(Mexico灣流). 북아메리카 연안을 따라 북쪽으로 흐르는 세계 최대의 난류로 멕시코만에서 대서양을 횡단하여 유럽 서북 해안을 따라 흘러 북극해에 이른다.
37) 콩키스타도르(conquistador). 에스파냐어로 '정복자'를 뜻하며, 16세기에 중남미를 침입한 에스파냐인을 가리킨다. 이들은 잉카·아스테카 문명을 파괴하고 원주민을 대량으로 학살했다.
38) 이 책에서 설명하는 뱀장어는 유럽뱀장어를 가리킨다. 서유럽, 북유럽, 발트해 인근의 모든 수계에 서식하나 현재는 남획과 환경오염 때문에 멸종 위기에 처해 있다.
39) 사르가소해(Sargasso海). 북대서양 북위 20~35도, 서경 30~70도의 넓은 지역에 걸쳐 있는 바다로 해조류가 떠 있고 바람이 약해 항해하기 어렵기 때문에 마(魔)의 해역으로 불렸다. 뱀장어의 산란장으로 유명하다.
40) 유럽뱀장어가 성체가 되었을 때를 가리키는 명칭이다. 장어의 껍질이 은빛을 띠는 데서 유래한 이름이다.
41) 열염순환(熱鹽循環)은 해면에서의 열과 염분의 유입과 유출에 기인하는 해수의 순환을 말한다. 심층순환(深層循環) 또는 대순환(大循環)이라고도 한다.
42) 노르웨이해는 북대서양의 일부이며 북해와 그린란드해 사이에 있다.
43) 스피츠베르겐제도(Spitsbergen諸島). 북극해와 노르웨이해 사이, 스발바르제도에 속하는 섬의 무리를 일컫는다.
44) 케르겔렌제도(Kerguelen諸島). 남인도양의 군도(群島)로 프랑스령 남극 지역을 이룬다. 원주민은 없고 50~100명 정도의 프랑스 과학자, 기술자, 연구자만이 상시 거주한다.
45) 담수(淡水)란 강이나 호수처럼 염분이 없는 물을 가리킨다.
46) 프랑스어로 사르가소해는 'Mer de Sargasse'인데, 여기서 'Sargasse'는 모자반을 뜻한다.
47) 크리스토퍼 콜럼버스(Christopher Columbus, 1451~1506). 이탈리아의 탐험가이자 항해가. 지구가 둥글다는 사실을 믿고 대서양을 서쪽으로 항해하여 쿠바, 자메이카, 도미니카 및 남아메리카와 중앙아메리카에 도착했다.
48) 프랑스 본토 면적은 55만 1695제곱킬로미터이고, 해외 주와 해외 영토를 합치면 67만 4843제곱킬로미터이다.
49) 남빙양(南氷洋). 남극대륙을 둘러싸고 있는 해역으로 남대양, 남극해라고도 한다. 남위 55도 부근까지의 해역으로 태평양, 대서양, 인도양의 가장 남쪽 부분에 있으며 1년 내내 얼음에 덮여 있다. 전통적으로 고래잡이가 활발한 지역이었으나 1986년 국제포경위원회(IWC)에 의해 상업포경이 금지되어 각국의 포경업은 사양길을 걷고 있다.
50) 로스해(Ross海). 남극대륙의 태평양 쪽 빅토리아 랜드와 마리버드 랜드 사이에 있는 큰 만. 대부분이 수심 1000미터 이하로 얕은 곳이 많고, 대륙붕이 발달해 있다.

생각비행 그래픽노블

생물의 다양성

위베르 리브스·넬리 부티노 글 | 다니엘 카자나브 그림 | 클레르 샹피옹 채색
문박엘리 옮김 | 12,000원

수년간 하늘의 별들로 향하던 시선을 거두고 위베르 리브스는 오늘날 우리가 사는 별인 지구의 미래에 열중하고 있다. 프랑스에서 가장 사랑받는 천체물리학자가 생물 보호의 중요성을 알리는 놀라운 여행으로 우리를 데려간다.

세상에서 가장 먼 학교 가는 길

르노 가레타·마리-클레르 자부아 지음 | 김미정 옮김 | 12,000원

히말라야를 넘어 학교가 있는 카트만두까지 초등학생 다섯 명이 걸어가는 9일간의 여정을 담았다. 눈보라를 헤치고 배움의 터전으로 향하는 아이들의 모습에서 우리에게 주어진 교육의 기회가 얼마나 큰 축복인지 깨닫게 된다.

스탈린의 죽음

파비앵 뉘리·티에리 로뱅 지음 | 김지성·김미정 옮김 | 18,000원

스탈린이 쓰러지고 난 뒤 장례식과 그 이후의 권력 다툼을 함축적 언어와 강렬한 색채, 온갖 음모에 둘러싸인 그로테스크한 분위기, 욕망에 사로잡힌 인물들과 겁에 질린 얼굴들로 표현하며 개성 넘치는 캐리커처로 드러냈다.

잭 런던

코자 지음 | 김미정 옮김 | 18,000원

1907년 4월부터 1909년 3월까지 샌프란시스코에서 시드니까지 범선을 타고 아내와 세계일주를 떠난 잭 런던의 자전적 여행기. 노동자, 혁명가, 탐험가이자 소설가였던 그의 다층적 삶을 몽환적이고 강렬한 색채로 담아냈다.

마우트하우젠의 사진사

살바 루비오 글 | 페드로 J. 콜롬보 그림 | 아인차네 란다 채색
문박엘리 옮김 | 19,800원

절멸이 목적인 마우트하우젠 강제수용소, 그곳에 한 명의 사진사가 있었다. 수용소 안에서 벌어진 나치의 각종 범죄행각을 담은 필름을 빼돌린 프랑시스코 부아는 뉘른베르크 법정에서 전범들의 만행을 낱낱이 밝혔다.

| 지은이 |

위베르 리브스 프랑스의 천체물리학자입니다. 미국항공우주국(NASA)에서 고문으로 활동하였으며, 프랑스물리학회상과 아인슈타인상을 수상하였습니다. 2016년에는 환경부장관에 의해 프랑스생명다양성기구의 명예회장으로 임명되었습니다. 같은 해, 《손주들에게 들려주는 우주 이야기》를 펴내어 출판계에서 성공을 거둔 뒤, 삽화가인 다니엘 카자나브와 협업으로 롱바르 출판사의【지식의 작은 만화가게】콜렉션 중 《우주》편을 출판하였습니다. 또한 지구의 미래를 생각하는 마음으로 생물 보호의 중요성을 알리는 그래픽노블 시리즈 《생물의 다양성》, 《바다의 생태계》를 출판하였습니다.

| 옮긴이 |

문박엘리 서울에서 자라 학교를 다녔으며 대학 졸업 후 프랑스 파리에서 유학했습니다. 철학과 언어학을 공부했으며 일반회사와 시민사회단체에서 일했습니다. 인간과 자연과 우주 만물의 연계에 대해 관심이 많으며, 옮긴 책으로 《프랑스 아이의 과학 공부》, 《생물의 다양성》, 《바다의 생태계》, 《마우트하우젠의 사진사》가 있습니다.